Francisco J. Blas Sánchez

Alma de poeta

Colección Piel de sal

FRANCISCO J. BLAS SÁNCHEZ

ALMA DE POETA

CELESTA

COLECCIÓN PIEL DE SAL, 39

Diseño de cubierta: RAGSE

Primera edición, 2025

© Francisco José Blas Sánchez
© Celesta
C/ Nieremberg, nº5, 5ºA
28002 – Madrid
editorialcelesta@gmail.com

ISBN: 978-84-126149-7-8
Depósito legal: M-11315-2025

Dedicado a Patricia, Merelin, Victoria
Korobka y Esperanza.

Donde no hay dirección sabia, caerá el pueblo; más en la multitud de consejeros hay seguridad,
　　　Proverbios 11:14 (Lema del Mossad)

Por eso los antiguos dieron a Minerva la lechuza, el pájaro con los ojos siempre deslumbrados
　　　José Ortega y Gasset

Las palabras solas son bien verdadero
　　　William Butler Yeats

¿Somos lo que pensamos que somos o somos lo que nos ocurre?
　　　Denise Levertov

*Acepta perderlo tod*o
　　　Jack Kerouac

En todo poema falta un personaje que acecha al lector
　　　Roberto Bolaño

La Razón Mutilada

Son noches sus días
dolor en el alma,
despierta en la triste mañana
después de una noche
de pesadilla,
al alcance unas pastillas,
pero es amor
lo que necesita,
años la razón acorralada
de la caída se levanta
cada día es una prueba,
la razón vaticina un buen presente
por cada esfuerzo,
sufrimiento se aprecia en el rostro
balbucea palabras torpes
después de recorrer un desierto,
después de recorrer un infierno,
llega su día
es una mañana diáfana
la razón herida
aunque la mente es lucida.

Hermana Pilar Sánchez Marín

Sonrisa luminosa en tus labios
eterna como la luna,
amando tu amor con primor,
salvando almas con destreza,
llena tu presencia de gracia,
cautivas almas para la paz.
Sensible en tu castillo
tu baluarte es esmero y pulcritud,
tu morada de elegancia y exquisitez.
Valiente soldado nada te atolondra
a la humanidad has hablado,
tu pecho enamorado,
soles en días de frío,
eminente y sublime tu rastro,
excelso tu camino,
estrellas al alcance de la mano
orando,
loable y grácil niña, predilecta hacía el país
de los sueños anhelados
caminas a los altos cielos.

A José Luis Zeron Huguet

Abres la puerta de la mansión
con la lectura
sin estar solo ante sublime aventura.
Sacral ave que alza el vuelo
librándote del cazador
de silencio áspero.
Ante el umbral de los sueños
son hoy tus pasos luminosos.
Has sembrado en los suburbios
cosechando la sabiduría de los elegidos.
Perseverante, persistente,
tu fruto repleto de frondas.
Miras la realidad
sin que te desgarre los ojos.
Sensibilidad y fuerza combinas.
Tu fuego violento alumbra
almas.
Sin lugar seguro
vuelas como el Halcón
tras la libertad.
Bebiendo en el hontanar,
el viento te hace volar alto
en busca del deseo.
En la tierra has sembrado versos;
don ofrecido por los dioses,
la palabra es tu arma arrojadiza,
tu verbo bucólico y experiencia,
cual lucha contra el minotauro.
Demiurgo enamorado.

Crepúsculo

Caminando voy yendo,
sobreviviendo voy yendo.
Yendo voy llegando:
llegando hasta terminar.
Y con una nueva luz
todo como si volviera a empezar.
Pero sin duda nada será lo mismo.
No quiero guerras
ni maltratos.
No quiero una guerra contra terroristas
ni venganza,
ni una guerra legalizada.
Bastante tengo con mi alma atormentada.
No quiero ir a la guerra:
no quiero ser un héroe.
Dejadme con los niños, ancianos y mujeres.
Bastante tengo con las imágenes
de los heridos y los muertos.
Impuesta tara a la carne y al alma.
No quiero violencia ni con la palabra,
ni hermanos asesinados
de cualquier raza.
Guerra, ingente inutilidad
que nunca acaba.
Me queda la duda
como la esperanza.

Cada día

(A la memoria de la Madre Teresa de Calcuta)

La vida es una duda,
la vida son tus pasos.
La desventura arróstrala,
el dolor doméñalo.
Creyente, acepta tu cruz.
Ateo, supera la asignatura del amor.
Mundo homicida
de corazones acicalados y enamorados
pobres e inocentes condenados,
concatenados.
La mirada del hombre hacia otro lado.
Amanece la esperanza cada día.

Único reino

Caminaba el Amor
por el universo y el mundo
acompañado de los Doce.
Yo quiero ser uno de los Doce.
Yo quiero ser:
el último y el servidor.
Acompañado el Amor,
con María Magdalena
Juana y Susana.
Escuchaban palabras,
palabras de vida y eternidad.
Y otras muchas
ayudaban con sus beneficios
al Amor.

Error

Error, ¡qué dolor!
Aprendo de los errores
¡y cómo me duele el alma!
Aunque sé
que los volveré a cometer.
Quizá la vida sea un error.

El camino del amor en la vida herida

Suena una bonita canción de amor,
me acuerdo de ti.
Mucho más amable el día,
en la oscuridad
el mal tiene más libertad.
Camino por la vida herida:
es muy bella, coqueta, un preciado tesoro,
    [divina,
dura, amarga, mentirosa, desdichada,
    [diabólica,
es la fruta del bien y del mal:
nos la llevamos a la boca.
Te amo,
te odio,
más tarde te perdono.
Caminamos el amor y yo por la vida.
Me asesinarás por el anhelo
y la huida por intentar cogerlo
al verme tan solo ante la realidad de tanto
    [hielo.
Caminamos el amor y yo por el mundo con
    [una gran herida.
Estoy cansado de caminar.
Triste canción de amor en la oscuridad.
Tú no estás,
sin tu sencilla mirada,
me encanta escuchar tu tono de voz
que me llega al corazón,
tu sonrisa de traviesa niña.
Hay un camino, estoy yo, y el amor.
Hay una vida, tú y una herida.

Lo he perdido todo, menos mi tesoro.
Llegué con nada
y con nada me iré,
amor tan solo habrá en mi haber.

Nuestra Madre

Encarnado de su carne, sangre de su sangre, espíritu de su espíritu, hacerse la luz y venir a este mundo en el milagro de la vida. Ella fue mi guía cuando no tenía conciencia, con los años, mi mejor consejera. Nunca me ha faltado su perdón. Siempre la suelo recordar sonriendo, ¡cuánto me gusta!. Infinita ternura he recibido de ella, sin pedir nada a cambio. ¡¿Hay algo más grande creado que el corazón de una madre?!. Por respeto le digo madre, por cariño mamá. ¡Cuánto poder y belleza se concentran en la palabra mamá!. Que no le falte a ningún hijo su madre. ¿Quién no quiere a su madre?. La veo envejecer, comienzan los problemas de salud, entonces, se manifiesta mi niño interior porque la quiere rescatar. Todo lo que soy se lo debo a mi madre, y seré más, y mejor, para gloria de ella. Sé que tengo futuro, y si lo tengo es por obra de mi madre. Las madres han venido al mundo para querer. Quien quiere a su madre quiere a todo el mundo. Quien gobierna el mundo es la madre.

Mi sobrino Marco

Prodigio en tu seno
retoño querido
un amor omnímodo.
Mágica charada
maravilla a la vista
pequeña y grande dulcedumbre
en tu regazo,
tu saludo con un vagido
relámpago en los cielos,
cual estrella descendiente.
Heredero esperado
y deseado,
de linaje amoroso,
tu carne y logos
cual astros desciendes
un abolengo de ágape.

Alma fortificada

No tengo un lugar,
como querer y no poder,
obligado a pagar la obligación,
tanta agua y tanta sed.
No tengo sitio;
me han quitado un lugar,
solo ocupo la soledad.
Atardece,
el alma torna serena.
Después del último anochecer
el eminente día
liberará mi alma.

Mi sobrina Alma

Vuela tu infancia en el éter feliz
que no te falte la alegría de tu cielo,
domeña y arrostra la tristeza del vacío,
que no cese tu infinito sueño
te proteja el enamorado cosmos
tu alto vuelo por el espacio
creando amor en la altura,
prodigio regalado de la creación
para ti están abiertas las puertas
del universo.

Oh, planeta tierra torturado por el horror y el
    [terror,
el mal nunca tiene la última palabra.
Un temblor sufre el alma;
mecida por el Verbo.
En la sombra de la noche
libre anda el mal,
aunque en la oscuridad,
en la neblina,
están apostados los policías.
Transportistas noctámbulos
en la mañana me acercan libros,
el pan en el horno de madrugada
en el día estará a mi mesa,
un taxi en medio de la noche me libera.
Oh, planeta tierra que orbitas en el universo
    [divino,
Dios tiene la última palabra.

La casa de los espíritus

Almas heridas de una realidad hostil
mentes sensibles llenas de belleza,
choque frontal entre locura y cordura,
se impone a quemarropa la sinrazón,
ahoga el aliento, ánimo transido.
En cierto mediodía de haz ilumina el espíritu,
en la medianoche duerme el espectro,
la sombra.
La mansión de la esencia
no cierra la puerta;
ansiada sanación, pociones,
palabras de amor y sueño.
La locura amenaza con no ser.
Lucha la cordura aislada del mundo,
obedece a su sanador,
pierde libertad, para ser libre,
la sensibilidad se fortalece;
siendo, sintiendo;
entre la locura y la genialidad,
vuelve a ser soplo de Dios.

Las fauces del mal merodean,
la muerte acecha
en el lugar menos insospechado,
mi vuelo de pájaro no es en solitario
quiero llegar a la ansiada libertad.
La madre Democracia, sabia, e imperfecta,
frente a la tiranía ignara.
Mi vuelo de pájaro al rescate
quiero llegar a la ansiada manumisión.
Las fauces del mal avizoran.
Maitines al salir de casa,
maitines al llegar a casa,
sorprenda la muerte
entre sedas y pacífica.
Muera el poeta en su hogar.

Mar de ensueño

La primera vez que descubrí el mar
fue cuando tuve la libertad de visitarte,
como pequeño Neptuno elegí tu morada.
Me conviertes en un hombre silente
ante tu misterio y belleza.
Como aguerrido Poseidón
he surcado tus aguas
me has hecho libre.
Cómo olvidar el Postiguet,
la playa abierta y salvaje,
la desembocadura del Segura.
Recuerdos salobres, grabados a fuego,
remembranza:
imágenes de felicidad,
fotografías inmortales,
alegría y sueños, buen pescado,
nulos naufragios, miles amores.

Recuerdo

Sigo tu estela
camino sin perdida,
el mar
enriquece el espíritu.
Mi alma de niño
recuerda hojas de hierba,
huerto, campo y río,
aves y nidos,
entonces, los primeros versos.
Siento nostalgia por la naturaleza
añoro los días felices
que fueron todos.
Me extravié en la melancolía
al perder esa felicidad regalada,
dejé de frecuentar el hábitat,
aunque en días libres
busqué tu estela
el camino me llevó
a las frondas y malezas,
reencontrándome
con el mar inmenso
cada día de libertad.

Asceta

Vivo como un asceta,
no soy antisociable,
me he tenido que esconder;
no hay lugar para mí,
saldría a la calle con mis libros,
el viento del invierno me refrescara.
Mi primavera es un amor mayor
hasta las últimas consecuencias.
La libertad está afuera:
en el mar
en la montaña.
La vida me tortura
aunque la noche es mi dicha;
soy libre;
encuentro: paz, tranquilidad,
armonía, quietud.
Mi lucha agónica de mi sensibilidad
frente a los vaivenes de la realidad.

Club de los 27

Soy una persona sana,
aunque tengo sobrepeso,
solo fumo,
mis análisis de sangre están bien.
Lo que ocurre viviendo mucho tiempo
es que se sufre más.
Hubiera querido vivir y morir
como Jack Kerouac,
ser uno más del club de los 27;
alcohol y drogas por doquier,
hubiera sido más feliz
sin embargo, esa felicidad sería falsa.
Si llegara a anciano
mi muerte sería inocente.
De ser así
no sería un egoísta.

Efebo

Una vida aventurera,
felicidad que no cesaba
cual rayo.
Una salud inquebrantable,
bienestar de roble.
Pequeños sueños conquistados,
alegría que no cesaba
cual relámpago.
Aunque pronto llegó la decadencia;
zozobró todo de dolor y tristeza,
era la noche de la desventura.
Todos los días repletos
de una agridulce bonanza;
unas veces vividos con euforia,
otros con desgracia,
envejecía el roble de golpe,
llegó la edad del desencanto.
Sin embargo, se cumplió la bienaventuranza,
una voz en la conciencia
hacia brotar gloria en el interior.

Amenaza vetusta

"La talla de un hombre se mide por la grandeza de sus enemigos"

Me siento un privilegiado
porque las balas no acertaron,
me siento culpable
porque no yazco
entre los héroes y mártires enamorados.
He tenido suerte hasta ahora
aunque psicológicamente sufro mucho
sé que no será en vano.
Los antiguos
garantizaban la paz y el orden
y de esos tiempos inmemoriales
inocentes cayeron
ríos de sangre sucedieron.
Amenaza vetusta,
mal lujurioso,
seréis desterrados
palabra, significado y hechos.

"Generación de cristal"

Que no te invada la duda,
da el paso hacia adelante,
yo he estado como tú,
me dejé fluir,
me abandoné.
El sufrimiento me dio sabiduría,
sin duda la encontraras.
Volverá la alegría
cual golondrina,
la tristeza tornará en gozo.
Te escribo estos versos
para darte ánimos,
es mi cometido,
versos que serán eternos
trascenderán fronteras.
Fíjate en la piedra angular
fue rechazada,
ahora te habla desde la eternidad,
escucha tu conciencia, discierne,
es amor,
yo te canto lo que escucho.

Ucronía

Como cazador furtivo fui
tú fuiste mi presa,
caíste rendidamente enamorada,
te cautivé por mis besos,
fuiste una mujer difícil de conquistar.
Estás entre mis brazos
vivimos en la misma casa
hemos hecho el amor
somos un matrimonio
tenemos varios hijos.
Nos hemos divorciado.

Blanca Paloma

Parece que la mañana alberga tranquilidad,
parece haber lugar para la clama,
en el jardín las rosas humedecidas por el rocío,
la Blanca Paloma atenderá a sus feligreses,
el cielo contento
al ver rezar a la gente en secreto.
La Ermita de nuevo abre sus puertas
acoge toda la alegría y fervor,
al elegir la mejor parte
la pena ha sucumbido.

Boda de un marinero

Contemplar por vez primera el mar,
no logra olvidar,
siempre ha estado ahí,
despierta con la alborada,
duerme su sueño, relumbre de luna,
mar proceloso
hace al marinero.
Virgen del Carmen patrona del mar.
Sereno va el novio
a la boda con su amada,
un amor verdadero
los ha unido, el mar como testigo.
Allende los mares
amor infinito.
Asombro, viento, milagros
secretos, guarda el mar,
ahora un amor más
otra boda de Caná.
Ulterior fruto de amor
no arrebatarles a los novios el mar.

El alma del mar

El vuelo del pájaro enjaulado;
preso de conciencia, corona de espinas en su
        [mente,
libres el pensamiento, el sentimiento, los
        [sueños…
El odio emana del trono del totalitario
el odio de sus correligionarios
el odio poderoso por falta de amor.
Mujeres vulnerables, ignoradas y olvidadas;
viven su pasión,
arrojadas a una tumba sin nombre,
despreciadas a una fosa común.
El mar es una sepultura, triste e inmenso;
magrebíes, subsaharianos, africanos…
muertos en cruz al robarle sus sueños.
Llegará el eminente día
el pájaro alzará el vuelo,
el amor regirá todo espacio y tiempo,
el mar será despojado de toda materia,
alegre vaivén de las olas,
el mar embravecido recobrará su alma,
las almas serán eternamente libres.

Los Dalit

Los intocables les llaman,
últimos, pequeños, desarraigados les dicen,
mendigos, repudiados, parias
hablan de ellos las noticias;
sin ser protagonistas.
Sus nombres anónimos
están escritos en el Libro de la vida.
Cuando despierte de mi muerte
les pediré perdón en nombre de la Humanidad.
Sufrimiento todos los días del mundo,
momentos fugaces de felicidad robada,
ellos, pacíficos, tienen por arma la sonrisa.
Placer, gozo y deleite eternamente
después del último crepúsculo.
Serán los más grandes
en el reino de los Cielos.

La vida no es el problema

Enriquecer el verbo es tener más vida,
se sufre con el pensamiento limitado,
los libros, nuestros maestros;
son salvavidas,
lleno de palabras, pensamiento y conocimiento
he decidido hacer mi revolución interior;
para resolver el problema
y entonces vivir,
creando una obra maestra
convirtiéndola en ley universal,
consecuente el corazón con la vida.
La vida no es el problema
acéptalo todo, rompe cadenas,
atraviesa el miedo, te espera tu tesoro.
Abandónate a la vida
hallarás su forma, ella te moldeará
cual guijarro.
La vida no es el problema
es una oportunidad.

Hombre religioso

Colmado de felicidad,
colmado de bienes y bendiciones,
el paraíso en la mente.
Abruptamente se presenta la cruz,
se manifiesta la cara amarga de la vida,
sin embargo, notas una mano invisible que te
[guía.
El sufrimiento te da sabiduría;
entonces trabajas por tu felicidad
te esfuerzas por tu libertad.
Te postras ante la majestuosa naturaleza
te dices que ahí está Dios,
en tus semejantes puedes encontrar amigos
o enemigos.
Vida de dolor y gozo
caminas hasta llegar al paraíso
que será un lugar o lugares.
Hombre enamorado, el amor es tu tesoro,
Dios es amor.

Salman Rushdie

La verdad amenazada,
la verdad en entredicho,
condenada la inocencia,
terror que se extiende con su ruido.
Hombre y escritor de presteza,
mente de acuidad,
imantan tus palabras.
El totalitario y su pensamiento único:
la apática agresividad,
la insensible y profusa violencia,
no disminuyeron tu fervor,
ángeles custodios lucharon contigo
en silencio fueron tu sombra,
el grano de trigo dará su fruto;
el anhelo de un mundo mejor
será más que un sueño.
Un fulgor más en el universo.

Zigurat

En soledad y oscuridad oraba
en lo alto de la montaña,
en el principio del fin
las montañas se derrumbarán.
En tres días ardió el mundo
y se propagó su poder.
No necesito una Torre de Babel.
Lo pequeño tiene más fuerza,
el último alzará el vuelo,
se manifestará el inocente
con gloria y poder
todas las montañas a sus pies,
y yo insignificante que soy
le adoraré.

El cielo

El cielo como una tranquila y alegre mañana
un remanso de paz después de la tormenta
la algarabía de los niños
el vuelo y el trino de las aves
la rama que da fruto
el fresco ante tanto calor agobiante
el recogimiento en otoño e invierno
la eternidad en los días terrenales
albura después de las tinieblas
felicidad que sin esperar llega
un sueño placido
la lucha de la dicha ante la consternación
meditación hasta llegar al nirvana.

La noche

Cuando en la noche sagrada
sobrevenga a los poetas
Friedrich Hölderlin

Cuando extiende su velo
ansioso la espero
después del ruido iluminado,
cuando despliegue su manto
tranquilo el latir de mi corazón,
el pensamiento ancho,
el sentimiento hermoso,
el espíritu alzará el vuelo
cual céfiro,
con ella no estaré desamparado,
no habrá confusión,
ni tenebrosidad,
con su sombra me regala
las estrellas y la luna
y yo canto, oro y escribo
en la noche divina.

Ley natural

Que se prodigue la convivencia pacífica,
una guerra siempre se recuerda,
pertrechados de alimentos
que ofrece el sudor,
altruistas, filántropos,
llenan la nevera a los pequeños.
Buscar el amor verdadero
en una sociedad sexualizada
la confianza lo encuentra.
Vivir en comunidad,
sentir la soledad.
Duda profusa que no soporto;
que no se acaben estos tiempos de paz,
el corazón pacifico del hombre;
contagiará un mundo hermoso a sus ojos.

Fraternidad

Revolución por ti e ignorada,
almas lucharon, traicionadas,
lema olvidado y modificado,
el hombre frío no te ama;
no quiere libertad ni igualdad,
anhelo de un Dios ardiente,
no deberías ser deseo;
sino una obligación,
sin embargo, se premia la concordia
a personas que no miran hacia otro lado,
enemistad profusa que atenta a tu lealtad,
todos los ríos desembocan en el mar,
¿por qué el mundo entero no es una
    [Hermandad?

Otero

No sé mi genealogía
sé que aportaron luz, sal y mostaza,
no fui ignorante a la luz en mi infancia,
soplaba viento a favor
fui luz y sal
luz luminosa como un rayo, salitre del mar.
La vida me traicionó,
mi pecado me hizo soso,
aunque rompí con todo,
leí con asiduidad las Sagradas Escrituras,
era un grano de mostaza,
viajé a ninguna parte,
una voz me decía:
eres luminoso, salado y grande como una
    [montaña.
Pensé que el éxito residía
en la sencillez, la humildad
y la mansedumbre;
así seré luminoso y salado
con un corazón de eminencia
y un alma de prominencia;
buscando perfección
en la imperfección.

Terror

Quiere arrebatarnos de un plumazo
   [ensangrentado
la libertad,
vidas rotas por el sufrimiento, el miedo,
chantajeando la débil democracia,
chantajeando a la sociedad.
La solidaridad planta un árbol
cuyas raíces son justicia,
cuyas ramas son memoria, dignidad, verdad,
el árbol de las víctimas dará buen fruto
como el grano de trigo que yace en la tierra.

Para siempre

El fulgor y fragor del rayo
anunció tu muerte
niño yuntero
que sueñas despierto
a pesar del sudor,
nanas de cebolla
mece al niño
no le digas que la higuera está sin fruto,
que está seca.
De cuclillas sueñas.
Todo barro
los astros y las estrellas
nombraran tu nombre.

Inocentes

Maldigo todo contubernio,
maldigo todo pogromos,
el inocente acosado
condenado a la caquexia
calumniado por veleidades,
víctimas despojadas de dignidad
mi sentimiento sufre por ellas,
para que mi corazón solidario tome un respiro;
me inspiro y me embeleso
con la musa dórica
ensimismado canto a los inocentes.

El beso

El más bello de los ruidos
son los versos compartidos,
apasionados, entrelazados
y prolongados
un beso en los labios,
un amor en estallido.
Qué bello este alegre sufrir;
al estar enamorado,
la perspectiva mirando la profundidad del alma
deseo de amor carnal verdadero
y amor espiritual sincero.
Qué feliz será el final del camino andado.

A José María Piñeiro Gutiérrez

Curiosidad de gato ensimismado,
sabes de la revelación de la rosa,
enamorado de los campos
y crepúsculos levantinos,
buscas la libertad
en la constelación de las frondas.
La querencia al prójimo;
te hace sabio en palabras,
inofensivo enamorado,
hombre silente
ante la vorágine de la vida.
Soñador cada noche
en la muerte onírica,
soñador cada día
ante un abanico de posibilidades
tu laboriosa creatividad:
un puñado de versos,
imágenes inmortales,
dibujando sueños,
música para un mundo perfecto.
Tu mente clarividente te defiende
¿locura o genialidad?
En soledad ruge tu silencio,
precoz y voraz lector.

A Ada Soriano

Tus ojos de azabache
locura para el hombre,
febril el hombre ante tu belleza,
yergues tu estatua erótica
decorando la playa.
Tus ojos amorosos
hablan de profundidad,
tu mirada enamorada;
cálida acogida
a tu corazón enamorado
de locos soñadores.
Simpatía y cariño a raudales.
Declamación llena de sentimiento
tu acto de heroína.
Apegada a tus sueños
alcanza tu mano la luna,
te espera un lugar junto a las estrellas.
El principio del fin tu autobiografía
dejará huella
dondequiera que vague tu alma.

Niño adoctrinado

Cuando seas mayor
niño engañado
te has de hacer una serie de preguntas.
La verdad era Verbo
la verdad se hizo carne
la verdad fue rechazada.
¿Quién sino la víctima dice la verdad?
Investiga el relato blanqueado
niño adoctrinado,
no te fíes de todo lo que te dicen;
ten pensamiento crítico,
la verdad está en la hemeroteca:
vidas en ruinas,
edificios derruidos,
un cadáver sobre un charco de sangre,
las lágrimas de una viuda y un huérfano.
Otros como tú abrieron los ojos
y descubrieron la verdad,
niño adoctrinado,
la única verdad es la auténtica paz.

A Enriqueta

Entre los pucheros tu arduo trabajo,
relees una receta y rezas,
ganaste tu libertad y tu vida amablemente,
intensa vocación,
agradaste el paladar a toda la ciudad,
tu uniforme de blanco impoluto
escondía la locura de tu piel morena,
simpatía a raudales llenaba tu Mesón Pepe,
contento el cliente
futuro para tus hijos.
Hay una estrella más que sonríe
en el fulgor rutilante de la Vía Láctea.

Navidad

Natividad en la infancia y adolescencia
herencia familiar
revivida en el recuerdo, dulce sabor.
Cada año se renueva el Nacimiento:
borra toda amargura.
Más de dos mil años de Adoración
villancicos, canción, alegre el corazón.
El mal no tiene poder
ante la triunfante Epifanía.
Recogimiento de Nochebuena
reposan los corazones.
Ansiosa Llegada
el alma halla la calma,
el cristiano ofrece su oblación,
otro milagro, otra oración.
Advenimiento del niño Dios
con proeza rige todo el orbe.

Nuestros abuelos

Vida ardua, realidad áspera,
con vuestro trabajo espinoso;
heredamos prosperidad.
Atrás quedó tu lozano cuerpo,
tu espíritu fresco,
jóvenes los besos.
Vencisteis a una guerra;
sin sentido, sinrazón;
hermanos todos contra todos,
subyugasteis el hambre,
rescatasteis una nación.
Ahora el veterano es un estorbo,
el anciano no es querido,
el viejo lleno de sabiduría es ignorado,
el antiguo amor es incomprendido.

Locura y muerte

Locura y muerte
amenazan mi presente,
locura y muerte
quieren arrebatarme mi libertad,
locura y muerte como cizaña
en mi huerto de trigo.
Decidí ser testigo
de un Amor inconmensurable;
dando sentido a mis días;
me dice quién soy y adónde voy;
este Amor grande;
forjó mi alma de poeta,
como soldado enamorado lucho;
será la victoria rebelde
de la razón y la vida,
mi huerto de buenos frutos;
labrador enamorado, corazón henchido.

Heroína

Ella mi quitó la ropa
vio la herida en mi pecho
la acarició y besó
y su amor me dio.

Paloma plateada

Alza el vuelo lleno de albura,
después de cada diluvio,
después de cada guerra fratricida,
a mi alma tranquiliza su luz de plata.
Paloma plateada
mensajera de buenas albricias.
Paloma plateada
tu fulgor ilumina antes de la alborada.
Paloma plateada
de las cenizas de la discordia
tu vuelo ulula libertad
ave de concordia.

Ángela Herida

(A una rosa herida de Orihuela)

La sinrazón te arrebató tu libertad,
tu beldad luminosa
ante los ojos inocentes
lloran de contrariedad.
Ángela herida te recuerdo
ahora que estás ausente de la ciudad.
Heridas tus alas;
no puedes alzar tu vuelo lúcido,
la realidad es una jaula,
un pozo sin fondo,
te librarás de Lucifer.
Serás Espíritu celestial
de nuevo será tu vuelo luminoso,
Espíritu celeste
Ser alado, enamorada.

B – 2301 – Os

Mi caballo veloz azul
recorre velozmente
la jungla de asfalto.
Mi caballo veloz azul
antiguo, metalizado.
Mi caballo veloz azul
no es de ricos
no está blindado.
Mi caballo veloz azul
mi autonómica intimidad movilizada.

Himno a la paz

Gobernantes de la razón,
guardianes de la voluntad,
artesanos concupiscibles;
que no os falte templanza
¡defendednos!
defendernos de la hambruna,
la pobreza y la contaminación,
no habrá paz
en toda la faz de la tierra.

11M en la memoria

Han atacado el alma de la ciudad,
un gran fragor de violencia ha eclosionado;
sin flor los cerezos
las rosas marchitas sin primavera,
unos cobardes crean destrucción;
han sembrado muerte;
ergo terror y miedo su cosecha,
un país entero se manifiesta
con no violencia
entre el espanto y el llanto
han atacado el alma de la patria.

Colonizado universo

Estoy reducido a un átomo ante tu total
    [materia,
la aurora boreal dibuja tu amor magnético,
leo tu lenguaje matemático, conocerte es
    [infinito,
mas te siento en mi interior, aunque estés a
    [millones de años luz,
estrellas al alcance de tu mano
yo de ti tan remoto, aunque estás en mi
    [pensamiento,
una verdad por conocer como planetas por
    [descubrir.
En la conciencia presente el premio o el
    [castigo;
sin embargo, un futuro lleno de
    [magnanimidad;
en tu cosmos habitable, en tu nueva tierra,
viaje interestelar,
teletransportación,
inmortalidad,
colonizado el universo,
Hado que nos amas con misericordia.

Mi sobrino Hugo

Dentro de una cascara de nuez
descansa un león,
vida y amor te esperan,
mientras los vientos
dibujan nubes en el cielo,
triunfante vencerás toda conjura,
invicto serás de las hogueras de las vanidades,
después de la tormenta eres fruto,
tranquilo entre las frondas
como un jaguar
regalas sonrisas a tu familia,
venciendo a la banalidad de la ignorancia,
eres hontanar repleto de vida,
cual héroe te bautizó,
poderoso el amor inocente.

Entre las azucenas olvidado

Solo las virtudes pródigas alcanzan el sol
William Butler Yeats

...bajo el cielo gris y rosa del crepúsculo
de otoño
Juan Ramón Jiménez

Los grandes poetas son tan raros como los
grandes amantes
Cesare Pavese

El camino del exceso lleva al palacio de la
sabiduría
William Blake

No me mueve, mi Dios, para quererte, el cielo
que me tienes prometido

Letizia Ortiz Rocasolano, Reina

Mujer de profundo sentimiento
amor recorre tus venas,
sois el fulgor del relámpago
en la noche española,
buscas la libertad en la música,
defensora del último y pequeño a ultranza,
Soberana del pueblo español
que te defiende y te ama, Majestad.
Grácilmente Señora defiendes la Corona
ofreciendo futuro con tu descendencia,
apoyas al Rey Felipe VI,
no queréis la decadencia
de una España desunida y herida
con honor lloráis el dolor de las víctimas.
Princesa Leonor e infanta Sofía
futuro fulgurante para España, tan querida.
Este humilde poeta que le canta
le desea el mejor de los augurios.
Este sencillo ciudadano
dará la vida por ti Emperatriz,
la Corona, Dios y la patria,
defendiendo una España enamorada.

Víctimas del terrorismo

Triste amanece el día triste,
lleno de recuerdos y ausencia,
almas inocentes son ambrosia,
héroes de carne y huesos;
su vida es una proeza.
Inocentes ríos sacrificados;
inermes desembocan
en el mar de la muerte.
La Reina del Sur se compadece.
Buen fruto, maduro,
de un árbol de justicia.
Sacrificio y abnegación loables,
escudos de la sociedad,
en vida o muerte
su lucha es la libertad.
Que no sean olvidadas.

Oh, Mar

Será mi vida
"hálito salobre del mar"
hasta desembocar en la muerte.
Abundante luz, porque elegí la inocencia,
lluvia torrencial amenaza,
aunque la pena dejó de ser profunda,
piélago de esperanza.
Oh, mar proceloso y sereno, inmenso,
tú y yo en soledad
forjas mi alma de marinero aguerrido.
Esparciré mis cenizas en tu abismo.

Olvidado

Busqué el amor, lo hallé
y lo dejé ir.
Encontré amigos claroscuros
como yo; santo y pecador.
Caí preso de la soledad
¿estaré olvidado?
Me escondí entre las sombras
para que no me mataran.
Alzó el vuelo la paloma
después de la tempestad,
aunque la serpiente acecha.
Me encontré con el amor;
todavía me amaba,
y comprobé que no estaba olvidado.

Domingo eterno

Y descansará el alma
después de la vida laboriosa
en el Domingo eterno.
La noche no existirá
el pecado será olvidado.
Lleno de luz el día eterno,
fragancia de azucenas y rosas perpetuas
por cada rocío envolverá el orbe,
millones y millones de ángeles y dioses
habitarán el universo,
alegría y felicidad sempiternas,
libertad plena y eterna.
Después de pagar el obligado tributo
en el tiempo maduro llegará nuestra liberación.

Eminente día eterno

"Todo río tiene su mar,
toda boda tiene su novio"
no olvido al novio, así no pecaré.
Oh flores de azucena.
En el eminente día
las rosas no tendrán espinas,
la mentira y la violencia cesarán.
En el día eterno
reinarán perdón y amor,
recobrará la vida el abatido
de alburas vestiduras será vestido,
el corazón herido brillará como una estrella,
y la verdad y la paz serán mar.

Hombre enamorado

Huríes azucenas,
judías predilectas,
me visitáis en sueños,
sabéis que soy un hombre enamorado.
En mi sueño soy un ángel,
sois las dueñas de la noche,
lo inunda todo vuestra belleza,
lo inunda todo vuestro amor,
diosas del amor.
No dejarme olvidado,
quiero despertar con vosotras,
soy huérfano del amor,
soy preso del desamor,
parece que las mujeres mortales
me han olvidado.

Dignidad

En el crepúsculo de la adolescencia
se desvanece la felicidad sin macula,
en la azarosa vida adulta la felicidad y la
   [tristeza
están arraigadas en el alma.
Lo débil y pequeño tienen fuerza
para ni una bala más.
Que sea otro amanecer de la infancia,
que sea un paradigma de inocencia,
y una gran manifestación por la libertad.

No lo olvides

¿Sabes cómo se llama la mujer de la limpieza?
¿Sabes el nombre del mendigo de tu ciudad?
Si has respondido que sí te felicito;
caminas el camino del discernimiento,
estás abriendo las puertas de la percepción,
en tu corazón sin duda hay amor.
No lo olvides.

Recuerdo

En los rincones de la mente
la memoria halla involuntariamente
lo que el universo le manifiesta.
El recuerdo como una fotografía me advierte
por donde no he de volver a pasar,
cuando debo decir Nunca Jamás,
me castiga y me premia.
Él me dice que fui amado
debido a un amor incondicional
y eso me hace presagiar
que no seré olvidado.
Me dice que fui feliz
e inesperadamente lo revivo.

Olvido

Habrá cosas en la vida
que saldrán mal;
no lo podrás evitar,
no seas tu juez severo,
no mires atrás.
Tendrás asuntos por los que olvidar.
Enamórate de la gente
enamórate de la vida.

Te regalaré azucenas, amada

Siembras amor donde vas,
a veces cosechas amor,
y en invierno disfrutas de un amor
    [correspondido.
Yo soy el sarmiento de tu vid
tú apagas el fuego hostil,
me deseas de verdad,
nuestro amor es verdadero,
te regalaré azucenas, amada.
El desierto de tu ausencia me hizo sabio,
enamorado recorrí el camino del exceso,
no puedo existir sin ti
aunque solo estés en mi pensamiento y
    [sentimiento,
te espera el amor, yo, y la libertad.

En los suburbios del reino

*Les aseguro que los publicanos y las
prostitutas llegan antes que ustedes al
reino de Dios*

El alma quiere alzar el vuelo;
ave enjaulada en el cuerpo de la jaula,
el lujo, la pereza y el hedonismo son
    [carceleros,
de azucenas marchitas,
de humanidad y corazón olvidados.
En los suburbios del reino
he hallado una fe autentica,
pecadores sabios y extraordinarios.
Los arrabales son zonas elegidas,
en la periferia hay sabiduría escondida.
En los suburbios del reino:
el esfuerzo en las cosas desabridas
reverbera el alma tranquila y llena de alegría.
En los suburbios del reino
mi alma enamorada de libre vuelo.

Van Gogh

Te imagino pintando en la noche
azucenas luminosas.
Pintor espiritual, como un girasol
mueves tu torso hacia Dios.
Rosas amarillas y girasoles
depositaré en tu tumba
en una noche estrellada.
Mas en la eternidad
eres uno de entre los predilectos.
Por tu proeza no eres olvidado,
fervor guio el pincel iluminado,
fuerza era tu sensibilidad,
hombre enamorado del hombre,
amigo del obrero y trabajador,
pobre entre los pobres, sufridor,
religiosidad surcaba tus venas,
tu mente herida ofreció tu legado
debido a tu ardor y pasión.

Caín

Caín deambula por las calles,
se refugia en los bares,
es una sombra que acecha por la espalda,
ha envenenado todas las azucenas,
te exige que le sirvas,
te exige que le des dinero
sin saber de las circunstancias,
el dinero siempre escaso.
Caín cree ser el dueño de las almas inocentes,
se pone agresivo, agrio,
como si fuera nuestra culpa.
¿Tendrá pensado Caín atentar contra las almas
en las calles de la ciudad desfortificada
aprovechando las brumas?
Caín tiene el rostro de la muerte.

Más odio que en el infierno

Más odio que en el infierno,
en primera línea contra el enemigo,
me gusta el desafío,
es la hora torera;
momento para salir a la plaza,
condenados a muerte todos los amores;
sembraré azucenas contra el olvido.

Canciones. Cancionero enamorado

Ya viene, todo el mundo la mira. / Ya viene,
irreal con su corona
Miss Sarajevo

Quien sabe vencer no siempre necesita
combatir
Tao Te Ching

Canta, lengua, el misterio del cuerpo glorioso

Un amor insondable

Espérame despierta
la noche es libertad
tengo algo que regalarte;
mi alma enamorada,
vengo de muy lejos
de millones años luz
quítame tu ausencia
eres la mujer más bella,
dame tu cuerpo, corazón
te escribiré una canción
quiero robarte tu alma
eres mi obsesión.
Ella estaba sola
las miradas se cruzaron
escrutábamos el momento
de un amor insondable.
Creo que eres única
los ojos del alma
son sinceros, no engañan
vestida de falda, tan femenina,
¿quieres ser mi heroína?
ando falto de amor
tengo mucho que ofrecer
y tú tienes mucho que dar,
no quiero que acabe la noche
¿bailamos juntos este vals?
tú eres mi incógnita
yo soy tu enigma.
Ella estaba sola
las miradas se cruzaron
escrutábamos el momento
de un amor insondable.

Los bares de la ciudad

Vayamos esta noche
los bares, nos esperan
mi alma tiene sed
nos reunimos en el Isaías,
la ciudad está triste
es un domingo amargo
intimida el terror
cenaremos en el Pepe,
se agranda mi espiritualidad
con tragos de alcohol
las chicas acarician heridas
somos ovejas descarriadas.
Canto al amor
enarbolo la bandera de la paz
somos millones de inocentes
seamos uno.
Los bares de la ciudad
nos esperan, sus puertas abiertas
hoy es mi última noche
iremos al Carpe Diem,
en el Mandala bailamos
todos bebemos y olvidamos
el terror está perdiendo
sí, nena, me sigues queriendo,
la noche ilumina mi alma
unas copas en la Tapa
arde la ciudad enamorada
todos somos héroes.
Canto al amor
enarbolo la bandera de la paz
somos millones de inocentes
seamos uno.

Los últimos de la fila

Cada uno en su lugar
entre el bien y el mal estás
te concedo un regalo
me abres tu interior,
barricadas para la libertad
acción y reacción
almas transgresoras
almas inocentes,
echo de menos a las chicas
mi jardín no tiene rosas
el pájaro no alza el vuelo
es una primavera triste.
Somos los últimos de la fila
no nos conocen,
somos los últimos de la fila
no nos conocen.
Subversión incruenta
insurrección enamorada
son nuestros sueños
esta realidad no la queremos,
palabras iluminadas;
habla el predicador
amor opio del mundo
Jesucristo nos redimirá,
una mirada cómplice;
una sonrisa cálida;
es nuestro movimiento
con los pequeños estaré,
Somos los últimos de la fila
no nos conocen,
somos los últimos de la fila
no nos conocen.

El Chamán

Tantanes, címbalos,
entras en trance
percusión, percusión
derribará las montañas,
ángel de la carretera
ángel de la ciudad
ofreces tu sabiduría
al son de la canción,
temes al amor ausente
que el amor se esconda
no quieres buscarlo
quieres encontrarlo.
Eres el chamán
en paz contigo mismo
proteges las almas
proteges la ciudad.
Oráculos divinos
para un presente hostil
apacientas ovejas
sacerdote eterno,
luchas contra el enemigo
sacrificado, abnegado
profeta del bien
te escondes en la espesura,
la noche te protege
anuncias la promesa
de un futuro banquete
mientras sollozamos.
Eres el chamán
en paz contigo mismo
proteges las almas
proteges la ciudad.

Advenimiento

Es el deseo del corazón
viene el niño Dios
alineados los astros
un fulgor esperanzado,
deleite de noche
los ojos maravillados
¿qué es lo que ocurre?
es un milagro encarnado,
el alma sonríe con calma
hay paz en su mirada
los ángeles cantan y bailan
las personas asombradas.
Ya vienen los jinetes
la tierra es un temblor
es el juicio del amor
los cielos se abren.
¿Dónde están los mendigos,
enfermos y presos?;
bailan con los ángeles
¿qué ocurre en la ciudad?,
Todo es bello y tranquilo
todas las gentes alegres
no hay confusión
es una nueva felicidad,
todos hablamos con todos
nos ceñimos, nos abrazamos
de alegría lloramos
¿qué ocurre en la ciudad?
Ya vienen los jinetes
la tierra es un temblor
es el juicio del amor
los cielos se abren.

Himno a Orihuela

Mientras la ciudad duerme
tú abrazas la creatividad
buscas la luna al caminar
ya ponen las calles,
después de la alborada
el vuelo de la Oropéndola
dibuja un día de oro
engalanando la ciudad,
el río atraviesa el costado
olor a leña, olor a azahar
amigos son cristiano y musulmán
de fe fortificada la ciudad.
Ni pobre ni rica
ni grande ni pequeña
un día despertará
y agrandará a España.
Es la hora de la obligación
el mar embravecido, hierve la ciudad
relámpago en sus fiestas
descansan las almas alburas,
sencillez visten sus suburbios
los ángeles la custodian
el crepúsculo la envuelve en sueños
enamorados se ocultan en las frondas,
ulula libertad la paloma blanca
concurridas las calles de farra
cantará de nuevo el gallo
y su cruz brillará cual rayo.
Ni pobre ni rica
ni grande ni pequeña
un día despertará
y agrandará a España.

La última canción

Caminas solo la senda
queda lejos la amistad
luchas por la libertad
sigues sembrando sueños,
el arte es tu revolución
pertrechado de armas;
inocentes y enamoradas
sigues la estela estrecha,
desafías a la muerte
la herida en la mente
es el fragor de la batalla
del bien contra el mal.
Despunta el alba enamorada
el alma está extasiada
presientes el final
es la última canción.
Tu rebelión de amor
no buscas heridas
miradas aviesas
te quieren prender,
rechazaste el amor
y conseguiste la luna
en el recuerdo viven
rosas que no marchitan,
tan solo quieres hablar
alma con alma y bailar
con un corazón enamorado
al son de un carnaval.
Despunta el alba enamorada
el alma está extasiada
presientes el final
es la última canción.

Soñaba estar contigo

Aquel tímido beso
nos unió en el amor
todo era verdad
fue nuestro despertar,
yo te buscaba y buscaba
sin saber te encontré
a la divinidad le recé
el milagro sucedió,
herido te recuerdo
no sé dónde estás
me diste paz
me diste felicidad.
Soñaba estar contigo
nos correspondimos
no quería sufrir daños
hoy lejos los dos.
Olía tu perfume exótico
de lejos te espiaba
quería reunirme contigo
sin querer te enamoraste,
en mis noches sin luna
te recuerdo luminosa
aquel acto de amor
no lo he vuelto a sentir,
felicidad en mi mente
hierve mi sentimiento
revivo nuestro amor
hechizas mi alma.
Soñaba estar contigo
nos correspondimos
no quería sufrir daños
hoy lejos los dos.

La noche adolescente

Ella perfecta y luminosa
su vestido ceñido
un vaso de whisky
sabía lo que quería,
miradas furtivas
una sonrisa correspondida
ella y yo a solas
leíamos poemas,
me habló de su vida
yo la besé en los labios
ella se enamoró
yo decidí ser libre.
La noche adolescente
no te dejaré sola,
la noche adolescente
no me dejes solo.
Fue un amor libre
lleno de verdad
era tan perfecto
que yo escapé,
fue tan real
que no la sueño
ella lee mis libros
ella es la protagonista,
ella no lo sabe
me dio su carne y alma
soy bohemio y poeta
tengo muchas musas.
La noche adolescente
no te dejaré sola,
la noche adolescente
no me dejes solo.

Nacer

Es una oportunidad
merece la pena
batallas por ganar
nada está perdido,
es un regalo
es un milagro
alguien pensó en ti
que te ama mucho,
es un enigma
es un misterio
lucha, persevera
di sí a la vida,
Nací y me enamoré
me enamoré de la gente
me enamoré de la vida
volveré a nacer.
No existe la muerte
todo es una prueba
todo es un plan
elige el amor,
No existe la soledad
olvida los problemas
quiérete mucho
tienes mucho que ofrecer,
existe un amor grande
canta, ríe, y baila
di sí a la vida.
Nací y me enamoré
me enamoré de la gente
me enamoré de la vida
volveré a nacer.

Índice

Entre las azucenas olvidado

Canciones. Cancionero enamorado